ESSAYS IN IDLENESS

こども「徒《つれ》然《づれ》草《ぐさ》」

齋《さい》藤《とう》孝《たかし》

筑摩書房

はじめに

つれづれなるままに、日《ひ》くらし、
硯《すずり》にむかひて、
心《こころ》に移《うつ》りゆくよしなし事《ごと》を、
そこはかとなく書《か》きつくれば、
あやしうこそものぐるほしけれ
〔序段〕

〔訳〕

することもないので、一日中《いちにちじゅう》、硯《すずり》に向《む》かって筆《ふで》をとり、心《こころ》に浮《う》かぶとりとめもないことをなんとなく書《か》きつけていると、不思議《ふしぎ》なほど気分《きぶん》がもりあがってくるので、これからそれを書《か》いていきます。

『徒然草《つれづれぐさ》』は今《いま》から七〇〇年《ななひやくねん》くらい前《まえ》、鎌倉時代《かまくらじだい》に兼好《けんこう》というお坊《ぼう》さんが書《か》いた随筆《ずいひつ》（エッセイ）、つまり日々《ひび》の感想《かんそう》を自由《じゆう》に書《か》いたものです。「つれづれなるままに」という言葉《ことば》から始《はじ》まるので、それがエッセイの題名《だいめい》になっています。『草《くさ》』というのは文章《ぶんしょう》をまとめた文集《ぶんしゅう》みたいなもののことを言《い》うんですね。ひまにまかせて文章《ぶんしょう》を書《か》いていたら、さまざまなことが思《おも》い浮《う》かんできたので、次々《つぎつぎ》と書《か》いていったわけです。『徒然草《つれづれぐさ》』は「つれづれなるままに書《か》いた文集《ぶんしゅう》」という意味《いみ》です。

兼好《けんこう》さんはとても頭《あたま》がよくて、世《よ》の中《なか》のいろいろなことがわかっている人《ひと》でした。だから『徒然草《つれづれぐさ》』の中《なか》には、生《い》きるうえでものすごく大切《たいせつ》なことが書《か》かれているんです。たとえば「こんなふうに勉強《べんきょう》してみよう」とか「良《よ》い友《とも》だちはこんなふうに見《み》つけよう」とか。『徒然草《つれづれぐさ》』を一冊《いっさつ》読《よ》むだけで、どうやって生《い》きていったらいいかがわかるので、とてもすばらしい本《ほん》だと思《おも》います。

でも『徒然草《つれづれぐさ》』のいいところは、それだけじゃないんです。この中《なか》には思《おも》わず吹《ふ》き出《だ》してしまうようなおもしろいエピソードもたくさん出《で》てくるんですよ。まじめな話《はなし》だけじゃなくて、軽《かる》くて楽《たの》しい話《はなし》もまざっているのが『徒然草《つれづれぐさ》』の特徴《とくちょう》なんです。だから七〇〇年以上《ななひゃくねんいじょう》にわたってたくさんの人《ひと》に読《よ》みつがれているんですね。

みなさんも兼好《けんこう》さんのまねをして、エッセイを書《か》いてみるとおもしろいですよ。エッセイというと難《むずか》しく感《かん》じますが、要《よう》するに日記《にっき》でいいんです。僕《ぼく》も小学一年生《しょうがくいちねんせい》のとき、絵日記《えにっき》を書《か》きました。それを毎日先生《まいにちせんせい》に見《み》せると、先生《せんせい》がひと言《こと》コメントをつけて返《かえ》してくれます。「毎日《まいにち》なんて、書《か》くことがないよ」と思《おも》うかもしれませんが、書《か》けば書《か》くほど、いろんなことを思《おも》い出《だ》すものなんです。僕《ぼく》も書《か》くことがとても楽《たの》しくなりました。それを一《いち》年《ねん》やったら、絵日記《えにっき》が立派《りっぱ》な「草《くさ》」になりました。

絵日記《えにっき》がたいへんだったら、メモでもいいと思《おも》います。とにかく思《おも》いついたことを文字《もじ》に残《のこ》すのが大事《だいじ》なんです。ひまだからといって、ゲームばかりやったり、テレビばかり見《み》ているのは、時間《じかん》のむだづかいだよ。兼好《けんこう》さんのように、思《おも》いつくまま、文章《ぶんしょう》を書《か》いてみましょう。書《か》くことで自分《じぶん》の考《かんが》えがまとまってきて、世《よ》の中《なか》を観察《かんさつ》する力《ちから》もやしなわれます。頭《あたま》がよくなっていくんですね。

そうやって書《か》いたものを集《あつ》めていくと、自分《じぶん》の『徒然草《つれづれぐさ》』ができます。みんなも『自分徒然草《じぶんつれづれぐさ》』をつくってみると楽《たの》しいと思《おも》いますよ。

こども徒然草《つれづれぐさ》　目次《もくじ》

START!

CHAPTER 1

第1章

自分《じぶん》の得意《とくい》なものを持《も》とう

CHAPTER 1
CHAPTER 1
CHAPTER 1

もとの文《ぶん》

「初心《しょしん》の人《ひと》、二《ふた》つの矢《や》を持《も》つ事《こと》なかれ。
後《のち》の矢《や》を頼《たの》みて、
始《はじ》めの矢《や》に等閑《なおざり》の心《こころ》あり。
毎度《まいど》、ただ得失《とくしつ》なく、
この一矢《ひとや》に定《さだ》むべしと思《おも》へ」

〔第九十二段〕

今《いま》のことばでいうと

「初心者《しょしんしゃ》は二本《にほん》の矢《や》を持《も》ってはいけません。
二本目《にほんめ》の矢《や》をあてにして、
最初《さいしょ》の矢《や》を射《い》る時《とき》に油断《ゆだん》するよ。
毎回《まいかい》、当《あ》たりはずれを考《かんが》えるのではなく、
この一《ひと》つの矢《や》にかけるんだ、と思《おも》おう」

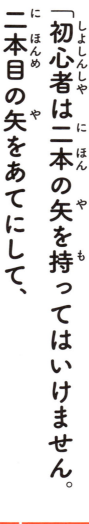

「明日《あした》があるからまだいいや」と思《おも》っているとあとでたいへんになるよ

みなさんは、次《つぎ》があると思《おも》うと、何《なん》となく気《き》がゆるんでしまったことはありませんか？

「明日《あした》があるからまだいいや」と夏休《なつやす》みの宿題《しゅくだい》をやらずにいたら、夏《なつ》の終《お》わりにたいへんなことになっていたとか、「そのうちやろう」とピアニカの練習《れんしゅう》をさぼっていたら、自分《じぶん》だけ吹《ふ》けなかったとか。

ぼくは高校生《こうこうせい》のときテニスをやっていました。テニスでは、サーブする

人《ひと》が二回《にかい》サーブを打《う》てます。でも「二回《にかい》打《う》てるからいいや」と思《おも》っていると、たいてい二回《にかい》とも失敗《しっぱい》してしまうんですね。だから「一回《いっかい》しか打《う》てないんだ」と思《おも》って、ボールを一個《いっこ》しか持《も》たないようにしたんです。そうしたら、二回《にかい》ともちゃんと成功《せいこう》するようになりました。

いつも、「もうこれ一回《いっかい》しかないんだ」「明日《あした》はないんだ」と思《おも》って、ものごとに取《と》り組《く》むようにしましょう。そうすれば、後悔《こうかい》がありません。「まだあとがある」と思《おも》うと、なまける気持《きも》ちが出《で》てしまって、うまくいかなくなるんだよ。

「そのうちやろう」
は、やらない
いいわけ

もとの文《ぶん》

「あやまちはやすき所《ところ》に成《な》りて、必《かなら》ず仕《つかまつ》る事《こと》に候《さうら》ふ」

〔第百九段〕

今《いま》のことばでいうと

「まちがいは
必《かなら》ず簡単《かんたん》なところになって、
おきるんだよ」

大丈夫《だいじょうぶ》と思《おも》っても必《かなら》ず見直《みなお》そうね

これは木《き》のぼり名人《めいじん》の話《はなし》です。有名《ゆうめい》な話《はなし》なので、覚《おぼ》えておくといいですね。名人《めいじん》が弟子《でし》に指示《しじ》して、高《たか》い木《き》に登《のぼ》らせていました。弟子《でし》がすごく危《あぶ》ない場所《ばしょ》にいるときは全然注意《ぜんぜんちゅうい》をしなかったのに、低《ひく》いところまでおりてきたとき「注意《ちゅうい》しろよ」と声《こえ》をかけたんです。

兼好《けんこう》さんが不思議《ふしぎ》に思《おも》って、わけをきくと、名人《めいじん》が答《こた》えました。「けがは自分《じぶん》が安心《あんしん》だと思《おも》ったときに、起《お》きるんです」。さすがに名人《めいじん》だけあっ

て、油断《ゆだん》しそうなところがわかっているんですね。

体操《たいそう》やフィギュアスケートを見《み》ていても、そういうことがよくあります。ふだんはぜったい失敗《しっぱい》しない簡単《かんたん》なところで転《ころ》んだり、ミスしてしまうんです。みなさんも、テストのとき「今回《こんかい》はよくできた」と思《おも》ったのに、名《な》前《まえ》を書《か》くのを忘《わす》れていた、なんてことがあるかもしれませんね。

ぼくの友《とも》だちにもそういう人《ひと》がいました。勉強《べんきょう》がとてもよくできる人《ひと》だったのに、解答《かいとう》を書《か》く欄《らん》を間違《まちが》えて、大学《だいがく》を落《お》ちてしまったのです。こんなことがあると悔《く》やんでも悔《く》やみきれないよね。安心《あんしん》しているとミスをします。この教《おし》えは人《じん》生《せい》のすべてに通《つう》じるので、よく覚《おぼ》えておこうね。

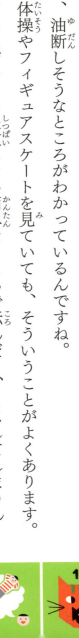

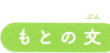

もとの文《ぶん》

「勝《か》たんと打《う》つべからず。
負《ま》けじと打《う》つべきなり。」

〔第百十段〕

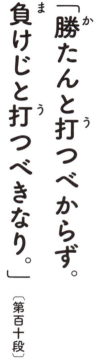

今《いま》のことばでいうと

「勝《か》とう、勝《か》とうとしてやっても
うまくいかないよ。
負《ま》けないようにやるのが、
いいんです。」

負《ま》けないように がんばっている人《ひと》が いちばん強《つよ》いんだよ

これは双六《すごろく》の名人《めいじん》の話《はなし》です。双六《すごろく》というのは、サイコロをふって、進《すす》んでいくゲームですね。その人《ひと》に兼好《けんこう》さんが勝《か》つ方法《ほうほう》を聞《き》いたんです。そしたら「少《すこ》しでも遅《おそ》く負《ま》けるように、やり方《かた》を考《かんが》えるのが勝《か》つ方法《ほうほう》です」と言《い》われました。

勝《か》とうと思《おも》わないで、まずは負《ま》けないように、確実《かくじつ》な手《て》を打《う》っておき、そこから攻《せ》めたり、勝負《しょうぶ》をするのが大切《たいせつ》なんだね。

みんなはゲームをやるとき「勝《か》とう、勝《か》とう」という気持《きも》ちになるよね。でも将棋《しょうぎ》でもなんでも、本当《ほんとう》に強《つよ》い人《ひと》は、ちゃんと守《まも》りを固《かた》めながら勝負《しょうぶ》をしています。

ゲームだけじゃなくて、ふだんの生活《せいかつ》でもそうです。たとえばクラスのみんなの前《まえ》で発表《はっぴょう》しなければいけないとするよね。「あれも言《い》おう」「これも言《い》おう」とあせってしまうと、肝心《かんじん》のことを言《い》い忘《わす》れたりします。だから最初《さいしょ》に「これだけは言《い》おう」という最低限《さいていげん》のことを決《き》めておくんです。それさえ言《い》えればいいことにしておくと、残《のこ》りの時間《じかん》で何《なに》を言《い》っても大丈夫《だいじょうぶ》なので気持《きも》ちが楽《らく》になるよ。

もとの文《ぶん》

「うちうちよく習《なら》ひ得《え》て、さし出《い》でたらんこそ、いと心《こころ》にくからめ」と、常《つね》に言《い》ふめれど、かく言《い》ふ人《ひと》、一芸《いちげい》も習《なら》ひ得《う》ることなし

〔第百五十段〕

今《いま》のことばでいうと

「こっそり習って、うまくなってから人前《ひとまえ》でやろう」と思《おも》っている人《ひと》は、なかなかうまくならないんだよ。

下手《へた》でも恥《は》ずかしがらずに思《おも》いきって人前《ひとまえ》でやってみよう

みんなはピアノやバイオリンなど習《なら》い事《ごと》をしているかな。発表会《はっぴょうかい》があっても、「恥《は》ずかしいから、うまくなってから出《で》よう」と言《い》って出《で》ないでいると、いつまでたってもうまくならないよ。下手《へた》でも人前《ひとまえ》に出《で》てやるから、がんばって練習《れんしゅう》してうまくなるんです。

ぼくが知《し》っている中国《ちゅうごく》の人《ひと》は日本《にほん》に来《き》て半年《はんとし》もたたないのに、日本語《にほんご》がすごく上手《じょうず》なんです。その人《ひと》はよく日本語《にほんご》を間違《まちが》えますが、全然《ぜんぜん》恥《は》ずかし

がらずにしゃべるので、間違《まちが》いを直《なお》してもらって、どんどんうまくなりました。みんなも英語《えいご》を「恥《は》ずかしいから」と話《はな》さないんじゃなくて、積極《せっきょく》的《てき》にしゃべろうね。そういう人《ひと》のほうが早《はや》く上達《じょうたつ》するよ。

これは勇気《ゆうき》の問題《もんだい》です。最初《さいしょ》は誰《だれ》だって下手《へた》くそです。そんなことを気《き》にせずに、みんなの前《まえ》で勇気《ゆうき》を持《も》って、練習《れんしゅう》しているからこそ、上達《じょうたつ》するんです。生《う》まれつきの才能《さいのう》なんて関係《かんけい》ないんだよ。

もし失敗《しっぱい》したら、どうしようって？　そういうときは人《ひと》から笑《わら》われる前《まえ》に、自分《じぶん》から先《さき》に笑《わら》っちゃえばいいんだよ。それくらいの気持《きも》ちで思《おも》い切《き》ってやったほうが、恥《は》ずかしくないし、上達《じょうたつ》も早《はや》いよ。

「へたうま」
という手《て》も
あるし

もとの文《ぶん》

「乗《の》るべき馬《うま》をば先《ま》づよく見《み》て、
強《つよ》き所《ところ》、弱《よわ》き所《ところ》を知《し》るべし。（略）
心《こころ》に懸《かか》る事《こと》あらば、
その馬《うま》を馳《は》すべからず。」

〔第百八十六段〕

今《いま》のことばでいうと

「馬《うま》に乗《の》ろうとする時《とき》は
その馬《うま》をまずよく見《み》て、
強《つよ》い所《ところ》、弱《よわ》い所《ところ》を知《し》るべきです。（略）
少《すこ》しでも気《き》になることがあれば
その馬《うま》に乗《の》って走《はし》らせてはいけません。」

よくできる人《ひと》ほど注意深《ちゅういぶか》いんだよ

兼好《けんこう》さんが知《し》っている馬乗《うまの》りの名人《めいじん》は、とても用心深《ようじんぶか》いそうです。これから乗《の》ろうとする馬《うま》の長所《ちょうしょ》、短所《たんしょ》をよく見《み》るんですね。鞍《くら》などの道具《どうぐ》もチェックして、少《すこ》しでも気《き》になるところがあれば、絶対《ぜったい》に乗《の》らない、と言《い》っています。その道《みち》のプロとよばれている人《ひと》は、なにごとにおいても注意深《ちゅういぶか》いんだね。

タクシーの運転手《うんてんしゅ》さんも、仕事《しごと》に出《で》る前《まえ》に、車《くるま》の点検《てんけん》や掃除《そうじ》をします。

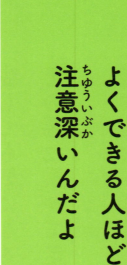

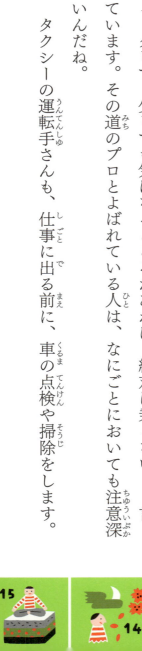

電車《でんしゃ》や飛《ひ》行機《こうき》もそうですね。車体《しゃたい》や機体《きたい》、線路《せんろ》の点検《てんけん》はもちろんのこと、トンネルの壁《かべ》をトントンたたいてチェックしている人《ひと》もいます。そういう注意深《ちゅういぶか》い人《ひと》がいて、はじめて大《おお》きな事故《じこ》が防《ふせ》げるんです。

だからみんなもなにかをする前《まえ》には、ちゃんと準備《じゅんび》をしようね。僕《ぼく》のしりあいの弁護士《べんごし》さんは「用意周到《よういしゅうとう》」という言葉《ことば》を壁《かべ》にはって、いつも自分《じぶん》をいましめているそうです。

「用意周到《よういしゅうとう》」とはすみずみまで注意《ちゅうい》がゆきとどいている、という意味《いみ》です。みんなも「用意周到《よういしゅうとう》」を合《あ》い言葉《ことば》に、その道《みち》のプロをめざそうね。

COLUMN ESSAYS IN IDLENESS

COLUMN ESSAYS IN IDLENESS

兼好《けんこう》さんって どんな人《ひと》？

『徒然草《つれづれぐさ》』を書《か》いた兼好《けんこう》さんは鎌倉時《かまくらじ》代《だい》の終《お》わり、一二八三年《ねん》ごろ生《う》まれたといわれています。本名《ほんみよう》は卜部《うらべ》兼好《かねよし》といいます。一族《いちぞく》は吉田《よしだ》神社《じんじや》の神官《しんかん》を受《う》け継《つ》ぐ名門《めいもん》で、兼好《けんこう》さんのお父《とう》さんは宮中《きゆうちゆう》でお役人《やくにん》をしていました。兼好《けんこう》さんも若《わか》いころは宮中《きゆうちゆう》に勤《つと》めていましたが、仕《つか》えていた天皇《てんのう》が亡《な》くなってしまい、三〇歳《さんじつさい》ごろに出家《しゆつけ》したといわれています。生涯独身《しようがいどくしん》を通《とお》し、出家《しゆつけ》したあとは、自由気《じゆうき》ままな生活《せいかつ》をして、七〇《ななじつ》歳《さい》くらいまで長生《ながい》きしたようです。

COLUMN ESSAYS IN IDLENESS

CHAPTER 2
CHAPTER 2
CHAPTER 2

第2章

わからないことは、人《ひと》に聞《き》こう

CHAPTER 2

もとの文《ぶん》

少《すこ》しのことにも、先達《せんだち》は、
あらまほしき事《こと》なり
〔第五十二段〕

今《いま》のことばでいうと

ちょっとしたことでも、
教《おし》えてくれる人《ひと》が
いたほうがいいですね。

素《す》直《なお》な気《き》持《も》ちで 人《ひと》に聞《き》くのがいいんだよ

『徒然草《つれづれぐさ》』の中《なか》でも、これはとても楽《たの》しいお話《はなし》です。覚《おぼ》えておくといいですよ。仁和寺《にんなじ》というお寺《てら》にいるお坊《ぼう》さんは、年《とし》を取《と》るまで、ずっと岩清水《いわしみず》八幡宮《はちまんぐう》という有名《ゆうめい》な神社《じんじゃ》にお参《まい》りすることができませんでした。あるとき、思《おも》い立《た》ってひとりで神社《じんじゃ》に行《い》きました。そして山《やま》のふもとにあるお寺《てら》や神《じん》社《じゃ》をありがたく拝《おが》んで帰《かえ》ってきたんです。

お寺《てら》に戻《もど》って、仲間《なかま》のお坊《ぼう》さんに自慢《じまん》して言《い》いました。「岩清水八幡宮《いわしみずはちまんぐう》

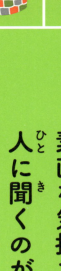

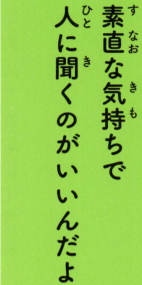

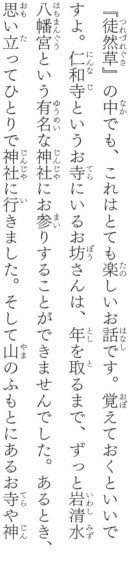

というのは、たいへん尊《とうと》いところでした。みんなは山《やま》に登《のぼ》っていきましたが、何《なに》があったんでしょうか。私《わたし》は神社《じんじゃ》にお参《まい》りするのが目的《もくてき》だったので、山《やま》の上《うえ》には行《い》きませんでした」。

でも本当《ほんとう》は、岩清水八幡宮《いわしみずはちまんぐう》は山《やま》の上《うえ》にあったんです。だからみんな山《やま》に登《のぼ》っていたんですね。お坊《ぼう》さんはすぐ近《ちか》くまで行《い》ったのに、肝心《かんじん》の神社《じんじゃ》をお参《まい》りせずに帰《かえ》ってきてしまったんです。

もとの文《ぶん》にある「先達《せんだち》（せんだつとも言《い》います）」は、「案内《あんない》してくれる人《ひと》」という意味《いみ》ですね。仁和寺《にんなじ》のお坊《ぼう》さんも「先達《せんだち》」がいたら、山《やま》の上《うえ》までちゃんと登《のぼ》ったと思《おも》います。

僕《ぼく》も、昔《むかし》、大失敗《だいしっぱい》をしたことがあります。せっかくイタリアに行《い》ったのに、美術《びじゅつ》で有名《ゆうめい》なフィレンツェとヴェネツィアを見《み》ずに帰《かえ》ってきてしまっ

たんです。そのあとテレビの美術番組《びじゅつばんぐみ》を見《み》ても、フィレンツェとヴェネツィアばかり出《で》てきます。もし誰《だれ》か案内人《あんないにん》がいて、「美術《びじゅつ》が好《す》きなら、ぜひフィレンツェとヴェネツィアに行《い》くべきです」と言《い》ってくれたら、ぜったいそうしたと思《おも》うんです。誰《だれ》にも聞《き》かないで、自分《じぶん》の考《かんが》えだけで行動《こうどう》してしまったので、「いまだに行《い》けていない。ああ、残念《ざんねん》だな」と思《おも》っています。

みんなにとって「先達《せんだち》」はお父《とう》さん、お母《かあ》さんや先生《せんせい》、上級生《じょうきゅうせい》だよね。そういう人《ひと》がいるから、いろんなことがよくわかるんです。どんなことにも道案内《みちあんない》がいるのはいいことなんだよ。知《し》っている人《ひと》から素直《すなお》に聞《き》く姿勢《しせい》が大切《たいせつ》なんだね。

聞《き》くは一時《いっとき》の恥《はじ》。
聞《き》かぬは
一生《いっしょう》の恥《はじ》

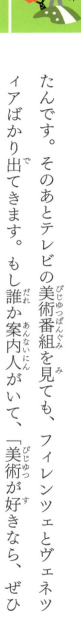

兼好《けんこう》さんが生《い》きた時代《じだい》

兼好《けんこう》さんが生《う》まれたのは、鎌倉時代《かまくらじだい》の終《お》わりです。鎌倉幕府《かまくらばくふ》は元《げん》の国《くに》から攻撃《こうげき》されて財政《ざいせい》が苦《くる》しくなり、反乱《はんらん》が起《お》きて滅《ほろ》びてしまいます。そのあと足《あし》利尊氏《かがたかうじ》が室町幕府《むろまちばくふ》をつくるまで、天皇《てんのう》が二人《ふたり》立《た》って、互《たが》いに自分《じぶん》が正統《せいとう》な天《てん》皇《のう》だと主張《しゅちょう》しあう南北朝時代《なんぼくちょうじだい》が続《つづ》きました。あちこちで戦乱《せんらん》が起《お》きる不安《ふあん》定《てい》な世《よ》の中《なか》だったんですね。兼好《けんこう》さんはものごとをつき放《はな》して冷《さ》めた見方《みかた》をする人《ひと》でしたが、それは戦争《せんそう》で人《ひと》が死《し》んだり、没落《ぼつらく》するのを間近《まぢか》に見《み》ていたからかもしれないね。

COLUMN ESSAYS IN IDLENESS
COLUMN ESSAYS IN IDLENESS
COLUMN ESSAYS IN IDLENESS

もとの文《ぶん》

偽《いつわ》りても賢《けん》を学《まな》ばんを、
賢《けん》といふべし

〔第八十五段〕

今《いま》のことばでいうと

うわべだけでも賢《かしこ》い人《ひと》から学《まな》ぼうとする人《ひと》は、賢《かしこ》いのです。

まねすることが学《まな》ぶことなんだよ

「学《まな》ぶ」という言葉《ことば》は「まねる」から来《き》ているんだって、知《し》ってたかな。「まなぶ」はもともとは「まねぶ」と言《い》いました。だから「まねよう」とするのは「まなぶ」ことになるので、とてもいいことなんだよ。

うわべだけでもいいので、頭《あたま》のいい人《ひと》のやることをまねしてみよう。まねているうちに、その人《ひと》に近《ちか》づいていくよ。

錦織圭選手《にしこりけいせんしゅ》は、プロのテニス・プレーヤーです。ロジャー・フェデラー

という選手《せんしゅ》のことを尊敬《そんけい》していて、その人《ひと》のプレーをまねしていたら、うまくなったそうです。まねするって、大事《だいじ》なんだね。

反対《はんたい》に、悪《わる》い人《ひと》をまねすると、その人《ひと》と同《おな》じように悪《わる》くなってしまうから注意《ちゅうい》しようね。

日本《にほん》のことわざに「朱《しゅ》にまじわれば赤《あか》くなる」というものがあります。「朱《しゅ》」は赤《あか》い色《いろ》のことです。その中《なか》に入《はい》れば赤《あか》くなってしまうよね。『徒然草《つれづれぐさ》』では「変《へん》な人《ひと》のまねをして、大通《おおどお》りを走《はし》ったら、その人《ひと》も変《へん》な人《ひと》です」と言《い》っています。

みんなもまねするときは、見本《みほん》となるようないい人《ひと》を選《えら》んでね。

COLUMN ESSAYS IN IDLENESS

『徒然草《つれづれぐさ》』を書《か》いたのは いつごろ？

兼好《けんこう》さんは和歌《わか》を読《よ》むのが上手《じょうず》だったので、宮廷《きゅうてい》に仕《つか》えているころから歌《か》人《じん》として注目《ちゅうもく》されていました。出家《しゅっけ》したあとも、たくさんの和歌《わか》を発表《はっぴょう》し、いろいろな人《ひと》と交流《こうりゅう》しています。

『徒然草《つれづれぐさ》』を書《か》いたのは五〇歳《ごじっさい》になる少《すこ》し前《まえ》ぐらいだと言《い》われています。人《じん》生経験《せいけいけん》もそれなりに積《つ》んで、書《か》きたいことがたまっていたのかもしれません。生《い》き方《かた》、旅《たび》、自然《しぜん》、人間関係《にんげんかんけい》、仏《ぶっ》教《きょう》など、さまざまなテーマをクールな目線《めせん》で書《か》いています。

COLUMN ESSAYS IN IDLENESS

COLUMN ESSAYS IN IDLENESS

CHAPTER 3

第3章

やるときは集中《しゅうちゅう》してやろう

CHAPTER 3
CHAPTER 3
CHAPTER 3

もとの文《ぶん》

必《かなら》ず果《はた》し遂《と》げんと思《おも》はん事《こと》は、
機《き》嫌《げん》を言《い》ふべからず
〔第百五十五段〕

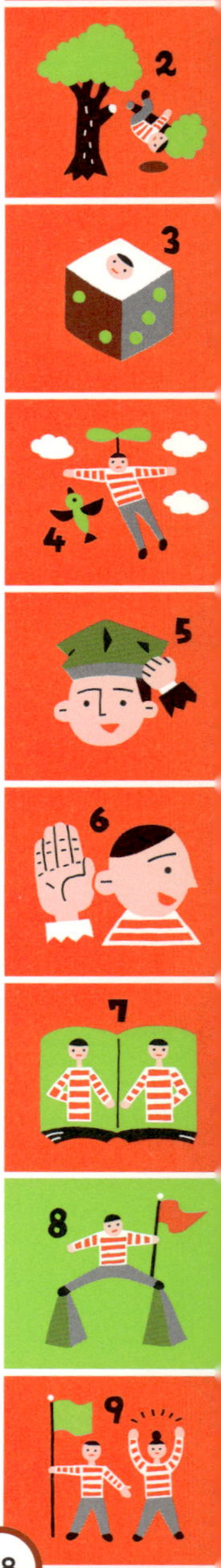

今《いま》のことばでいうと

どうしてもやりたいと思《おも》ったら、
タイミングを逃《のが》しちゃいけないよ。

チャンスが来《き》たら迷《まよ》わずつかもう

兼好《けんこう》さんは、人生《じんせい》には予測《よそく》できないものがある、と言《い》っています。たとえば病気《びょうき》になったり、人《ひと》が生《う》まれたり、死《し》んだりするのも、「何月何日《なんがつなんにち》にこうしよう」と思《おも》った通《とお》りにはならないよね。急《きゅう》にそういうものがやってきて予定《よてい》がくるうことがあるのだから、もし自分《じぶん》がどうしてもやりたいと思《おも》うことがあるなら、あれこれ迷《まよ》っていないで、さっさとやったほうがいいと言《い》っています。

村上謙三久

深夜のラジオっ子

――リスナー・ハガキ職人・構成作家

「深夜の馬鹿力」「ウンナンのＡＮＮ」「コサキン」「オードリーのＡＮＮ」……。ラジオの構成作家の証言をもとに、その裏側を語り尽くす！　ラジオがもっと好きになる。　81542-2　四六判（３月中旬刊）予価１７００円

内田貴

法学の誕生

――近代日本にとって「法」とは何であったか

日本の近代化の鍵は「法」にあった。西洋の法や法学という、きわめて異質な思考様式の受容に成功し、自前の法理論を作り上げた、明治の先人たちの知的苦闘を描く。　86726-1　四六判（３月下旬刊）予価２９００円

長谷川櫂

俳句の誕生

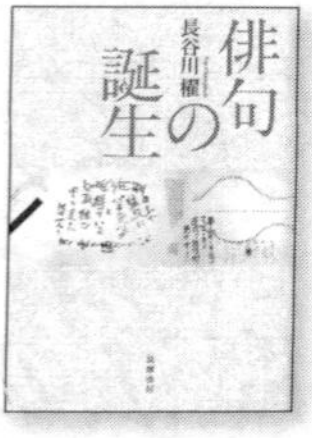

言葉によって失われた永遠の世界を探る

なぜ日本に俳句という短い詩が発生したのか。言葉以前の心の思いをどう言葉にのせてきたのか。芭蕉、一茶、谷川俊太郎、大岡信、そして楸邨。俳句論の決定版　　82379-3　四六判（3月3日刊）2300円

6桁の数字はISBNコードです。頭に978-4-480をつけてご利用下さい。

佐藤幹夫

評伝 島成郎

——ブントから沖縄へ、心病む人びとのなかへ

ブント書記長として60年安保を主導した伝説の人物の、知られざるもうひとつの闘い。それは沖縄の精神医療の現場だった。圧倒的な取材をもとに描く書下ろし評伝。

81846-1　四六判（3月21日刊）２６００円

天沢退二郎／入沢康夫 監修　栗原敦／杉浦静 編

宮沢賢治コレクション10〈全10巻〉**完結！**

10 文語詩稿・短歌——詩V

全巻完結！ 死の直前まで推敲を続けた「文語詩稿」五十篇、一百篇と「文語詩未定稿」、最初に選んだ表現形式で、その後の作品の原点といえる「短歌」を収録。

70630-0　四六判（3月中旬刊）２５００円

志賀健二郎

百貨店の展覧会

—— 昭和のみせもの 1945–1988

百貨店はかつて、時代を先取りする情報の発信基地だった。アートもニュースも事件も人物も取り上げ、カルチャーを牽引した百貨店展覧会の歴史から昭和を振り返る。

86458-1　Ａ５判（3月中旬刊）**予価2500円**

6桁の数字はISBNコードです。頭に978-4-480をつけてご利用下さい。

3月の新刊　●8日発売

ちくま文庫

断髪女中

獅子文六　山崎まどか 編

●獅子文六短篇集　モダンガール篇

再発見されたニュー・クラシック

新たに注目を集める獅子文六作品で、表題作「断髪女中」を筆頭に女性が活躍する作品にスポットを当てた文庫初収録作を多数含むオリジナル短篇集。

43506-4
760円

ロボッチイヌ

獅子文六　千野帽子 編

●獅子文六短篇集　モダンボーイ篇

やっと読める幻の短篇小説

長篇作品にも勝る魅力を持ちながら近年は読むことができなくなっていた貴重な傑作短篇小説の中から、男性が活躍する作品を集めたオリジナル短篇集。

43507-1
760円

ファッションフード、あります。

畑中三応子

●はやりの食べ物クロニクル

ティラミス、もつ鍋、B級グルメ……激しくはやりすたりを繰り返す食べ物から日本社会の一断面を切り取った痛快な文化史。年表付。（平松洋子）

43503-3
1000円

山口瞳ベスト・エッセイ

小玉武 編

サラリーマン処世術から飲食、幸福と死まで。――幅広い話題の中に普遍的な人間観察眼が光る山口瞳の豊饒なエッセイ世界を一冊に凝縮した決定版。

43500-2
950円

無限の本棚　増殖版

とみさわ昭仁

●手放す時代の蒐集論

幼少より蒐集にとりつかれ、物欲を超えた〝エアコレクション〟の境地にまで辿りついた男が開陳する驚愕の蒐集論。伊集院光との対談を増補。

43505-7
860円

6桁の数字はISBNコードです。頭に978-4-480をつけてご利用下さい。
内容紹介の末尾のカッコ内は解説者です。

たまもの

神藏美子

彼と離れると世界がなくなってしまうと思っていたのに、別の人に惹かれ二重生活を始めた「私」。写真と文章で語られる「センチメンタルな」記録。

43510-1 1200円

鉄道エッセイコレクション

芦原伸 編 ●「読み鉄」への招待

本を携えて鉄道旅に出よう！ 文豪、車掌、音楽家――、生粋の鉄道好き20人が愛を込めて書いた「鉄分100%」のエッセイ／短篇アンソロジー。

43504-0 880円

好評の既刊

＊印は2月の新刊

- **コーヒーと恋愛** 獅子文六 とある男女の恋模様をコミカルに描く昭和の〝隠れた名作〟 43049-6 880円
- **てんやわんや** 獅子文六 ユーモアたっぷりのドタバタ劇の中に鋭い観察眼が光る 43155-4 780円
- **娘と私** 獅子文六 自身の半生を描いた亡き妻に捧げる自伝小説 43220-9 1400円
- **七時間半** 獅子文六 昭和の隠れた名作！ 特急「ちどり」が舞台のドタバタ劇 43267-4 840円
- **悦ちゃん** 獅子文六 父親の再婚話をめぐり、おませな女の子悦ちゃんが奔走！ 43309-1 880円
- **自由学校** 獅子文六 戦後の新しい感性を痛烈な風刺で描く代表作、ついに復刊！ 43354-1 880円
- **青春怪談** 獅子文六 昭和の傑作ロマンティック・コメディ、遂に復刊！ 43408-1 880円
- **胡椒息子** 獅子文六 小粒だけどピリッとした少年の物語 43457-9 680円
- **バナナ** 獅子文六 獅子文六の魅力がつまったドタバタ青春物語 43464-7 880円
- **箱根山** 獅子文六 これを読まずして獅子文六は語れない！ 43470-8 880円
- **世間を渡る読書術** パオロ・マッツァリーノ 生きる力がみなぎる読書 43479-1 820円
- **三島由紀夫と楯の会事件** 保阪正康 綿密な取材による傑作ノンフィクション 43492-0 900円
- **田中小実昌ベスト・エッセイ** 田中小実昌 大庭萱朗 編 入門編にして決定版！ 43489-0 950円
- **色川武大・阿佐田哲也ベスト・エッセイ** 色川武大／阿佐田哲也 大庭萱朗 編 はぐれ者よ、路に輝け 43495-1 950円
- ＊**吉行淳之介ベスト・エッセイ** 吉行淳之介 荻原魚雷 編 文学を必要とするのはどんな人か？ 43498-2 950円
- ＊**飛田ホテル** 黒岩重吾 「人間の性」を痛切に描く昭和の名作短篇集 43497-5 820円

6桁の数字はISBNコードです。頭に978-4-480をつけてご利用下さい。

3月の新刊 ●8日発売 ちくま学芸文庫

政治の約束
ハンナ・アレント ジェローム・コーン 編 高橋勇夫 訳

われわれにとって「自由」とは何であるのか——。政治思想の起源から到達点までを追い、政治的経験の意味に根底から迫った、アレント思想の精髄。

09849-8
1400円

増補 ハーバーマス
中岡成文 ■コミュニケーション的行為

非理性的な力を脱する一方、人間疎外も強まった近代社会。その中で人間のコミュニケーションへの信頼を保とうとしたハーバーマスの思想に迫る。

09853-5
1300円

人間とはなにか 上
■脳が明かす「人間らしさ」の起源
マイケル・S・ガザニガ 柴田裕之 訳

人間を人間たらしめているものとは何か？ 脳科学界を長年牽引してきた著者が、最新の科学的成果を織り交ぜつつその核心に迫るスリリングな試み。

09851-1
1300円

人間とはなにか 下
■脳が明かす「人間らしさ」の起源
マイケル・S・ガザニガ 柴田裕之 訳

人間の脳はほかの動物の脳といったい何が違うのか？ 社会性、道徳、情動、芸術など多方面から「人間らしさ」の根源を問う。ガザニガ渾身の大著！

09852-8
1300円

現代語訳 三河物語
大久保彦左衛門 小林賢章 訳

三河国松平郷の一豪族が徳川を名乗って天下を治めるまで、主君を裏切ることなく忠勤にはげんだ大久保家。その活躍と武士の生き方を誇らかに語る。

09844-3
1200円

ホームズと推理小説の時代
中尾真理

ホームズとともに誕生した推理小説。その歴史を黎明期から黄金期まで跡付け、隆盛の背景とその展開を豊富な基礎知識を交えながら展望する。

09847-4
1200円

6桁の数字はISBNコードです。頭に978-4-480をつけてご利用下さい。

chikuma primer shinsho

★ちくまプリマー新書《さいしょのしんしょ》

3月の新刊

●7日発売

294
源氏物語の教え
古典エッセイスト
大塚ひかり

▼もし紫式部があなたの家庭教師だったら

一人娘をもつシングルマザー紫式部は宮中サロンの家庭教師になった。彼女が自分の娘とサロンの主に施した女子教育の中味とは？　源氏に学ぶ女子の賢い生き方入門

68999-3
880円

295
平和をつくるを仕事にする
テラ・ルネッサンス代表
鬼丸昌也

ウガンダやコンゴでの子ども兵への社会復帰支援などを資金ゼロ、人脈ゼロから始めたNGO代表が語る、今世界で起きていること。そして私たちにもできること。

68300-7
780円

296
高校生のための ゲームで考える人工知能
ゲームAI開発者
三宅陽一郎／文筆家・ゲーム作家
山本貴光

今やデジタルゲームに欠かせない人工知能。どうすれば楽しいゲームになるか。その制作方法を通して、人工知能とは何か、知性や生き物らしさとは何かを考える。

68998-6
950円

筑摩選書

3月の新刊

●15日発売

0155
1968［2］文学
比較文学
四方田犬彦／詩人
福間健二 編

三島由紀夫、鈴木いづみ、土方巽、澁澤龍彦……。文化の〈異端者〉たちが遺した詩、小説、評論などを収録。反時代的な思想と美学を深く味わうアンソロジー。

01662-1
2400円

0158
雇用は契約
東京大学教授
玄田有史

▼雰囲気に負けない働き方

会社任せでOKという時代は終わった。自分の身を守るには、「雇用は契約」という原点を踏まえる必要がある。悔いなき職業人生を送る上でもヒントに満ちた一冊！

01665-2
1600円

6桁の数字はJANコードです。頭に978-4-480をつけてご利用下さい。

3月の新刊 ●7日発売

ちくま新書

1312
パパ1年目のお金の教科書
岩瀬大輔（ライフネット生命社長）

これからパパになる人に、これだけは知っておいてほしい「お金の貯め方・使い方」を一冊に凝縮。パパとして奮闘中の方にも、きっと役立つ見識が満載です。

07129-3 760円

1313
日本人の9割が知らない英語の常識181
キャサリン・A・クラフト（翻訳家／英語講師） 里中哲彦 編訳

日本語を直訳して変な表現をしていたり、あまり使われない単語を多用していたり、日本人の英語はまだまだ勘違いばかり。10万部超ベストセラー待望の続編！

07133-0 780円

1314
世界がわかる地理学入門
▼気候・地形・動植物と人間生活
水野一晴（京都大学教授）

気候、地形、動植物、人間生活……気候区分ごとに世界各地の自然や人々の暮らしを解説。世界を旅する地理学者による、写真や楽しいエピソードも満載の一冊！

07125-5 950円

1315
大人の恐竜図鑑
北村雄一（サイエンスライター／イラストレーター）

陸海空を制覇した恐竜の最新研究の成果と雄姿を再現。日本で発見された化石、ブロントサウルスの名前が消えた理由、ティラノサウルスはどれほど強かったか……。

07121-7 860円

1316
アベノミクスが変えた日本経済
野口旭（専修大学教授）

「三本の矢」からなるアベノミクスは、日本経済を長期デフレから脱却させることに成功しつつある。その現状を示し、その後必要となる「出口戦略」を提示する。

07123-1 820円

1317
絶滅危惧の地味な虫たち

小松貴（国立科学博物館協力研究員）

▼失われる自然を求めて

環境の変化によって滅びゆく虫たち。なかでも誰もが注目しないやつらに会うために、日本各地を探訪する。果たして発見できるのか？　虫への偏愛がダダ漏れ中！

07126-2 950円

1318
明治史講義【テーマ篇】
小林和幸 編（青山学院大学教授）

信頼できる研究を積み重ねる実証史家の知を結集。20のテーマで明治史研究の論点を整理し、変革と跳躍の時代を最新の観点から描き直す。まったく新しい近代史入門。

07131-6 1000円

6桁の数字はISBNコードです。頭に978-4-480をつけてご利用下さい。

たとえば好《す》きな人《ひと》がいて、「好《す》きだ」って言《い》いたいんだけど、勇気《ゆうき》がいるので迷《まよ》っていたとするよね。そしたら別《べつ》の人《ひと》が「好《す》きだ」と言《い》って、その人《ひと》と仲良《なかよ》くなったという話《はなし》はよくあります。タイミングが来《く》るのを待《ま》ちすぎていると、結局《けっきょく》なにもできないことがあるんだよ。

『モナリザ』という女《おんな》の人《ひと》の有名《ゆうめい》な絵《え》を描《か》いたレオナルド・ダ・ヴィンチという芸術家《げいじゅつか》がおもしろいことを言《い》っています。「幸運《こううん》の女神《めがみ》は前髪《まえがみ》しかなくて、後《うし》ろ髪《がみ》がないんだよ。タイミングがおくれると、幸運《こううん》の女神《めがみ》をつかまえられない」と。

チャンスというのは、そのときつかまないとダメなんです。あとになって、「あのとき、こうしておけばよかった」と言《い》っても遅《おそ》いんだよ。

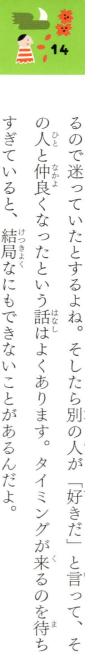

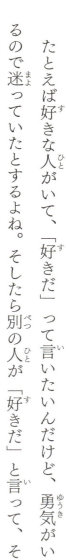

もとの文《ぶん》

万事《ばんじ》に換《か》へずしては、
一《いっ》の大事《だいじ》成《な》るべからず
〔第百八十八段〕

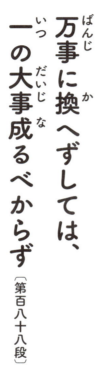

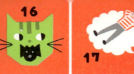

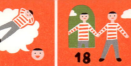

今《いま》のことばでいうと

いろんなことを犠牲《ぎせい》にしないと、
大《おお》きなことはできないよ。

ここぞというとき集中《しゅうちゅう》できる人《ひと》が成功《せいこう》するよ

大《おお》きなことをなしとげようと思《おも》ったら、ほかのことができなくなるのはしかたがないことなんだよ。たとえば野球《やきゅう》で甲子園《こうしえん》に出《で》ようと思《おも》ったら、ゲームも遊《あそ》びもやらないで、毎日練習《まいにちれんしゅう》するよね。そういう人《ひと》じゃないと、甲子園《こうしえん》に行《い》く夢《ゆめ》はなかなかかなえられません。

受験《じゅけん》のときもそうです。ここが勝負《しょうぶ》のしどころだ、と思《おも》ったときは、わきめもふらずに勉強《べんきょう》しないといけないんです。「友《とも》だちと遊《あそ》びたい。ゲー

ムもしたい。部活《ぶかつ》もしたい」と思《おも》っていると、結局《けっきょく》、行《い》きたい学校《がっこう》には通《とお》らないよ。世《よ》の中《なか》には、なにかを捨《す》てることで、なにかが得《え》られる、というしくみがあるんだね。

「二兎《にと》を追《お》うもの、一兎《いっと》も得《え》ず」ということわざを知《し》っているかな？　二《に》羽《わ》のうさぎを同時《どうじ》に追《お》いかけたら、一羽《いちわ》もつかまえられないよね。最初《さいしょ》から一羽《いちわ》は捨《す》てて、もう一羽《いちわ》に集中《しゅうちゅう》する。だからうさぎを確実《かくじつ》につかまえることができるんです。

やりたいことのために、ほかのことができなくても、あまり残念《ざんねん》がることはないんだよ。やりたいことをやりとげることのほうが大事《だいじ》です。勉強《べんきょう》もほかのことも、両《りょう》立《りつ》できる人《ひと》は、それはそれでもちろんOKだよ。

二匹《にひき》の亀《かめ》なら
つかまえら
れるかも

COLUMN ESSAYS IN IDLENESS

COLUMN ESSAYS IN IDLENESS

『徒然草《つれづれぐさ》』にあふれる ユーモア

『徒然草《つれづれぐさ》』はお坊《ぼう》さんが書《か》いた本《ほん》なのに、漫画《まんが》みたいにおもしろい話《はなし》がたくさん書《か》いてあるんです。この本《ほん》で紹介《しょうかい》した以外《いがい》にも、栗《くり》ばかり食《た》べていて結婚《けっこん》できないお姫《ひめ》さまの話《はなし》とか、こま犬《いぬ》に顔《かお》がそっくりの偉《えら》いお坊《ぼう》さんの話《はなし》とか、大根《だいこん》をいつも食《た》べていたら、大根《だいこん》の精《せい》が出《で》てきて屋敷《やしき》を守《まも》ってくれた話《はなし》とか、思《おも》わずクスッと笑《わら》ってしまう話《はなし》もあります。全部《ぜんぶ》で二四三段《だん》のエッセイで構成《こうせい》されていて、清少納言《せいしょうなごん》の『枕草子《まくらのそうし》』、鴨長明《かものちょうめい》『方丈記《ほうじょうき》』と並《なら》んで日本《にほん》の三大随筆《さんだいずいひつ》（エッセイ）のひとつとされています。

COLUMN ESSAYS IN IDLENESS

CHAPTER 4

CHAPTER 4
CHAPTER 4
CHAPTER 4

第4章

いい友《とも》だちを見《み》つけよう

もとの文《ぶん》

疎《うと》き人《ひと》の、うちとけたる事《こと》など言《い》ひたる、
また、よしと思《おも》ひつきぬべし
〔第三十七段〕

今《いま》のことばでいうと

あまり親《した》しくない人《ひと》が、
気《き》軽《がる》に話《はな》しかけてくると
いい人《ひと》だな、と思《おも》うよね。

嫌《きら》いだと思《おも》っていた子《こ》が大親友《だいしんゆう》になることだってあるんだよ

四月《しがつ》のクラス替《が》えのときなどは、知《し》らない人《ひと》が多《おお》くて、ちょっとドキドキしちゃうよね。あの子《こ》は少《すこ》し意地悪《いじわる》そうだ、とかあの子《こ》は怖《こわ》そうだとか。でも話《はな》してみると、意外《いがい》にいい人《ひと》だったり、自分《じぶん》と気《き》が合《あ》うこともあるんだよ。

僕《ぼく》も中学二年生《ちゅうがくにねんせい》のとき、こんなことがありました。僕《ぼく》はテニス部《ぶ》に入《はい》っていたんですが、全然知《ぜんぜんし》らない子《こ》が近《ちか》づいてきて、「君《きみ》、テニス部《ぶ》な

の？」と話《はな》しかけてきたんです。そして僕《ぼく》のテニスボールを持《も》って、ポンポンはずませるんですね。僕《ぼく》は「いったいこの人《ひと》はなんなんだろう。なれなれしいなあ」と思《おも》いました。でも話《はな》してみたら、けっこう気《き》が合《あ》って、それから毎日話《まいにちはな》すようになりました。

試験勉強《しけんべんきょう》も一緒《いっしょ》にやって、受験《じゅけん》も二人《ふたり》でがんばりました。そして二人《ふたり》とも東大《とうだい》に入《はい》って、大学院《だいがくいん》にも一緒《いっしょ》に行《い》きました。彼《かれ》とは今《いま》もなかよしです。

もしあのとき、彼《かれ》がテニスボールをポンポンはずませながら話《はな》しかけてこなければ、僕《ぼく》たちは友《とも》だちになっていなかったかもしれません。だから「この人《ひと》、苦手《にがて》だな」と最初《さいしょ》から決《き》めつけないで、雑談《ざつだん》してみるといいですね。話《はな》してみたら気《き》が合《あ》うこともあるかもしれないよ。

もとの文《ぶん》

よき友《とも》、三《み》つあり。
一《ひと》つには、物《もの》くる友《とも》。
二《ふた》つには、医師《くすし》。
三《み》つには、智恵《ちえ》ある友《とも》
〔第百十七段〕

今《いま》のことばでいうと

友《とも》だちにするといいのは、
物《もの》をくれる人《ひと》、お医者《いしゃ》さん、
知恵《ちえ》のある人《ひと》だよ。

どんな人《ひと》と友《とも》だちになりたいか考《かんが》えてみよう

この段《だん》では「友《とも》だちにするには、どういう人《ひと》がいいか」について書《か》いています。兼好《けんこう》さんは友《とも》だちにしたい人《ひと》を三《みっ》つあげているんだよ。一《ひと》つはものをくれる人《ひと》。気前《きまえ》よく何《なん》でもくれる人《ひと》が友《とも》だちだったら、とても便利《べんり》だよね。二《ふた》つ目《め》はお医者《いしゃ》さん。病気《びょうき》になったとき、心強《こころづよ》いよね。三《みっ》つ目《め》は知恵《え》がある人《ひと》。何《なに》かあったとき、知恵《ちえ》を貸《か》してもらえると、ありがたいな。

こんなふうに、友《とも》だちになりたいのは、自分《じぶん》を豊《ゆた》かに満《み》たしてくれる人《ひと》で

す。兼好《けんこう》さんはとても素直《すなお》に、「こんな人《ひと》と友《とも》だちになりたい！」と書《か》いています。

実《じつ》はこの文章《ぶんしょう》の前《まえ》に、兼好《けんこう》さんは、友《とも》だちにしてはいけない人《ひと》を七種類《ななしゅるい》あげているんです。

一《ひと》つ目《め》は身分《みぶん》が高《たか》すぎる人《ひと》。自分《じぶん》とつりあわないくらいお金持《かねも》ちだったり、高《たか》い地位《ちい》の人《ひと》だと、なんとなく気《き》づまりだよね。二《ふた》つ目《め》は若《わか》い人《ひと》。兼《けん》好《こう》さんが『徒然草《つれづれぐさ》』を書《か》いたときは、けっこう年《とし》をとっていたので、若《わか》い人《ひと》とはあまり親《した》しくなれなかったのかもしれないね。三《みっ》つ目《め》は病気《びょうき》をしたことがなくて、やたら健康《けんこう》な人《ひと》。丈夫《じょうぶ》すぎると、自分《じぶん》をいたわってもらえないと、兼好《けんこう》さんは思《おも》ったみたいです。四《よっ》つ目《め》はお酒《さけ》を飲《の》みすぎる人《ひと》。自《じ》分《ぶん》もお酒《さけ》のみならいいんだけど、きっと兼好《けんこう》さんはお酒《さけ》があまり好《す》きでは

なかったんでしょう。五《いつ》つ目《め》は勇気《ゆうき》がありすぎるおさむらいさん。あまりに強《つよ》すぎる人《ひと》だと、ちょっと引《ひ》いてしまうよね。六《むっ》つ目《め》は嘘《うそ》をつく人《ひと》。嘘《うそ》つきの友《とも》だちは、みんなもいやだと思《おも》います。七《なな》つ目《め》は欲《よく》が深《ふか》い人《ひと》。たしかに欲《よく》ばりな人《ひと》とも、あまり友《とも》だちになりたくないよね。

僕《ぼく》は小学生《しょうがくせい》のみんなに、兼好《けんこう》さんのこの文章《ぶんしょう》を紹介《しょうかい》して、それぞれ友《とも》だちになりたい子《こ》の条件《じょうけん》を書《か》いてもらいました。「サッカーが好《す》きな子《こ》と友《とも》だちになりたい」とか「ずるい人《ひと》とは友《とも》だちになりたくない」とか、いろんな条件《じょうけん》が出《で》てきました。みんなも、どんな人《ひと》と友《とも》だちになりたくて、どんな人《ひと》と友《とも》だちになりたくないか、考《かんが》えてみるとおもしろいよ。

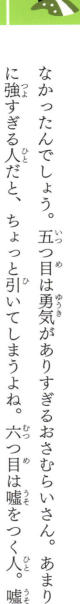

第5章

どうやって生《い》きると、幸《しあわ》せになれる?

CHAPTER 5
CHAPTER 5
CHAPTER 5

もとの文《ぶん》

「たとひ耳鼻《みみはな》こそ切《き》れ失《う》すとも、
命《いのち》ばかりはなどか生《い》きざらん。
ただ、力《ちから》を立《た》てて引《ひ》きに引《ひ》き給《たま》へ」

〔第五十三段〕

今《いま》のことばでいうと

「たとえ耳《みみ》や鼻《はな》がちぎれても、
命《いのち》だけは助《たす》かるだろう。
力《ちから》いっぱい引《ひ》っ張《ぱ》ってごらん」

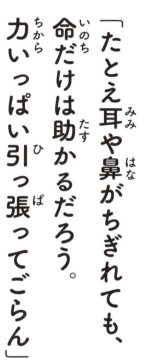

調子《ちょうし》にのってふざけていると たいへんな目《め》に合《あ》うよ

みんなは、この文《ぶん》を読《よ》んで、いったい「なんの話《はなし》なんだろう？」と思《おも》ったよね。これは仁和寺《にんなじ》というお寺《てら》のお坊《ぼう》さんのお話《はなし》です。そのお坊《ぼう》さんがお祝《いわ》いの席《せき》で酔《よ》っぱらって、調子《ちょうし》にのりすぎてしまったんです。壺《つぼ》のような形《かたち》をした器《うつわ》を頭《あたま》にすっぽりかぶって、みんなを笑《わら》わせていました。でもそのうち抜《ぬ》けなくなっちゃった。さあたいへん。どんなにやっても抜《ぬ》けないんです。

誰《だれ》かが「もういいから全力《ぜんりょく》で引《ひ》っ張《ぱ》りなさい。死《し》にはしないから」と言《い》ったんです。みんなで引《ひ》っ張《ぱ》ったら、耳《みみ》も鼻《はな》もとれてしまって、ひどいありさまになったけれど、頭《あたま》は抜《ぬ》けて、命《いのち》は助《たす》かったそうです。

これを読《よ》んでわかることは、調子《ちょうし》にのって変《へん》なことをするとたいへんな目《め》に合《あ》うということだよ。僕《ぼく》も経験《けいけん》があります。

小学生《しょうがくせい》のとき、教壇《きょうだん》の机《つくえ》の上《うえ》に乗《の》って、そこから「おはようございます」とクラスに号令《ごうれい》をかけて飛《と》び下《お》りたら、足《あし》をけがして七針《ななはり》も縫《ぬ》ったことがありました。まったくばかなことをしたものです。大勢《おおぜい》でいると、ついみんなを楽《たの》しませたくなって、変《へん》なことをやりたくなるんだけど、調子《ちょうし》にのらないようにしようね。

もとの文《ぶん》

「さ候《さうら》へばこそ、世《よ》にあり難《がた》き物《もの》には侍《はべ》りけれ」とて、いよいよ秘《ひ》蔵《ぞう》しけり〔第八十八段〕

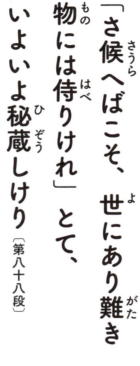

今《いま》のことばでいうと

「だからこそ珍《めずら》しい物《もの》なんです」
と言《い》って、にせものを
ますます大切《たいせつ》にしたんだよ。

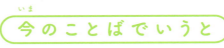

頑固《がんこ》で人《ひと》のいうことを聞《き》かないと損《そん》をするのは自分《じぶん》だよ

　この話《はなし》は、有名《ゆうめい》な書《しょ》を持《も》っているという人《ひと》の話《はなし》です。その人《ひと》が持《も》っているのは小野道風《おののとうふう》という名人《めいじん》が書《か》いたもの、ということなんだけど、どうも年代《ねんだい》がおかしいんです。というのも、小野道風《おののとうふう》が亡《な》くなってから世《よ》に出《で》たものを、小野道風《おののとうふう》が書《か》き写《うつ》したことになっているんですね。

　ある人《ひと》が、「あなたが持《も》っている書《しょ》はにせものではありませんか？だって時代的《じだいてき》にありえませんよ」と言《い》うと、その人《ひと》は「だからなんです。あ

りえないからこそ、これはたいへん珍《めずら》しくて価値《かち》があるものなんですよ」と答《こた》えました。そしていよいよその書《しょ》を大切《たいせつ》にしたそうです。おかしな人《ひと》ですね。

兼好《けんこう》さんはもののわからない人《ひと》はやたらと頑固《がんこ》だ、と言《い》っています。思《おも》い込《こ》みが激《はげ》しいので、正《ただ》しいことが見《み》えなくなってしまうんですね。たとえば「あの占《うらな》い師《し》さんはあやしいよ」と忠告《ちゅうこく》されても、「いや、あの人《ひと》はすばらしい人《ひと》だから」と言《い》って、素直《すなお》に聞《き》かない。そんなことをしてお金《かね》をだましとられる人《ひと》はたくさんいます。

だから人《ひと》の言《い》うことを聞《き》かないで、頑固《がんこ》にしていると、結局《けっきょく》損《そん》するのは自分《じぶん》なんだよ、と覚《おぼ》えておこうね。

もとの文《ぶん》

花《はな》は盛《さか》りに、月《つき》は隈《くま》なきをのみ、
見《み》るものかは
〔第百三十七段〕

今《いま》のことばでいうと

満開《まんかい》の桜《さくら》や、満月《まんげつ》の月《つき》だけを
すばらしいと決《き》めていいのかなあ。
そんなことはないと思《おも》うよ。

完全《かんぜん》じゃなくても いいんだよ

満開《まんかい》の桜《さくら》はきれいだけど、散《ち》るときもいいよね。月《つき》も満月《まんげつ》のときだけじゃなくて、三日月《みかづき》のときもいいし、雲《くも》がちょっとかかっているのも素敵《すてき》です。だから完全《かんぜん》にできあがったものだけがいいんじゃないよね。ちょっと不完全《ふかんぜん》で影《かげ》があるものもすばらしいんです。日本《にほん》ではこういう感覚《かんかく》を「わび」「さび」と言《い》っています。

みんなは「古池《ふるいけ》や　蛙飛《かわずと》び込《こ》む　水《みず》の音《おと》」という俳句《はいく》を知《し》っているよね。

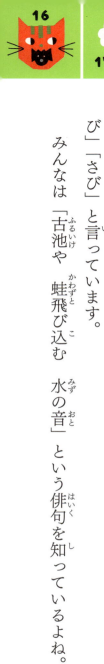

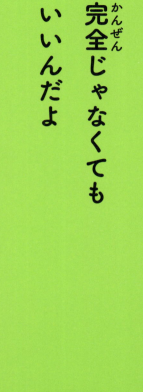

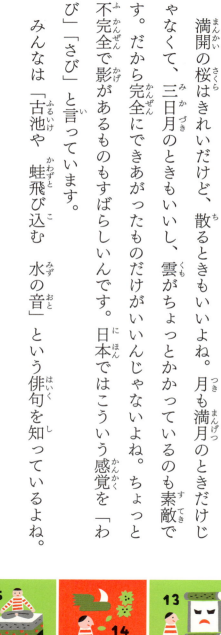

この句《く》を書《か》いた松尾芭蕉《まつおばしょう》さんという人《ひと》や、茶道《さどう》をつくった千利休《せんのりきゅう》さんという人《ひと》も「わび」「さび」を大切《たいせつ》にしています。

兼好《けんこう》さんは、そういうものの見方《みかた》について言《い》っています。いかにも美《うつく》しいものだけじゃなくて、そうじゃないものにもよさを見《み》つけていく。そんな文化《ぶんか》は素敵《すてき》だよね。たとえば人間《にんげん》にかんしても、若《わか》くてきれいな人《ひと》もいいんだけど、年《とし》をとった漁師《りょうし》さんが、日《ひ》に焼《や》けたしわだらけの顔《かお》でにっこりすると、素敵《すてき》な人《ひと》に見《み》えないかな。

人《ひと》に対《たい》して、「完全《かんぜん》」を求《もと》めるんじゃなくて、「ちょっと欠《か》けているところが、この人《ひと》らしい」と思《おも》えるようになると、味《あじ》わい深《ぶか》い毎日《まいにち》が送《おく》れるようになるよ。

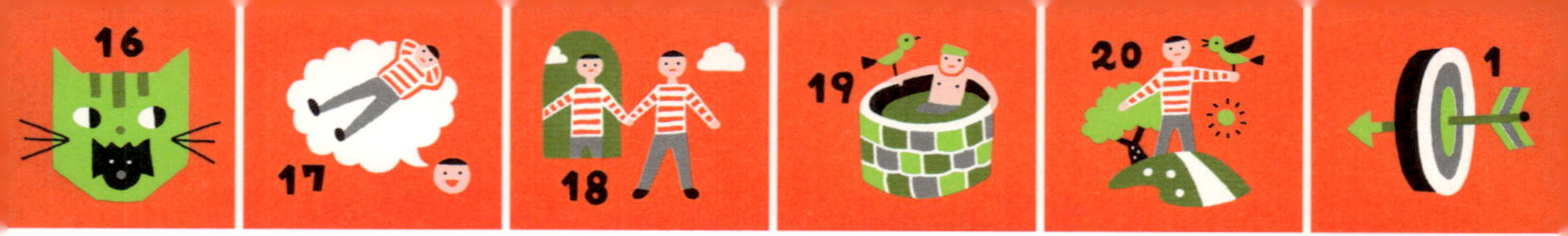

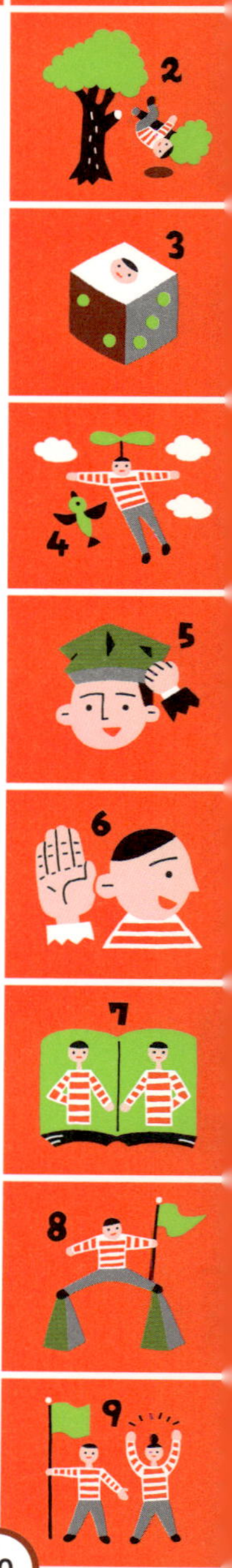

もとの文《ぶん》

改《あらた》めて益《やく》なき事《こと》は、
改《あらた》めぬをよしとするなり

〔第百二十七段〕

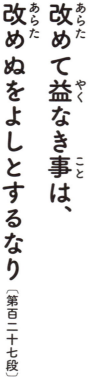

今《いま》のことばでいうと

改《あらた》めてもプラスにならないのなら、
改《あらた》めないほうがいいこともあるよ。

自分《じぶん》がやっていることを ちゃんと振《ふ》り返《かえ》って 確《たし》かめてみようね

なにかを変《か》えようと思《おも》って、やってみてもよい結果《けっか》にならないのなら、変《か》えないほうがいいこともある、という大事《だいじ》な格言《かくげん》です。みんなも、古《ふる》いままのものより、新《あたら》しく変《か》えたほうがいいと思《おも》うことがあるよね。でもなにかを変《か》えるためには、ものすごくエネルギーがいります。やってみたけど、むだだったな、ということもあるので、なんでも変《か》えるのがいいわけではないんだよ。

オリンピックの選手《せんしゅ》でも、ずっと勝《か》っていたのに、もっとよくしようと思《おも》ってフォームを変《か》えたら、そこからスランプになってしまった人《ひと》もいます。僕《ぼく》は「勝《か》っているときは、やり方《かた》を変《か》えないほうがいい」と思《おも》っています。

変《か》えなくても、「自分《じぶん》にはこのやり方《かた》がいいんだ」とわかることも大切《たいせつ》です。自分《じぶん》のことを「だめだ、だめだ」と思《おも》って、いろんなものに手《て》を出《だ》すと、いよいよだめになってしまうことも多《おお》いんだよ。

だから自分《じぶん》がやっていることをよくふり返《かえ》って、「ここは良《よ》いところだ」「ここは変《か》えなくていい」と、ちゃんと認《みと》めることも大事《だいじ》なんだね。

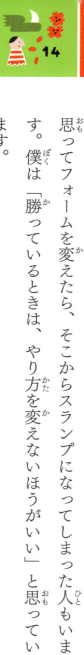

もとの文《ぶん》

「奥山《おくやま》に、猫《ねこ》またといふものありて、人《ひと》を食《くら》ふなる」と人《ひと》の言《い》ひけるに、（略）

飼《か》ひける犬《いぬ》の、暗《くら》けれど、主《ぬし》を知《し》りて、飛《と》び付《つ》きたりけるとぞ〔第八十九段〕

今《いま》のことばでいうと

「山奥《やまおく》に猫《ねこ》またという化《ば》け物《もの》がいて、人《ひと》を食《た》べるらしい」と人《ひと》が言《い》っていた。（略）飼《か》い犬《いぬ》が暗《くら》いところで主人《しゅじん》を見《み》つけて飛《と》びついただけなのに、化《ば》け物《もの》だと思《おも》ってびっくりしたんだよ。

びくびくしていると いろんなものがこわく見《み》えて しまうんだよ

これはこわがり過《す》ぎた人《ひと》の話《はなし》です。あるお坊《ぼう》さんが会合《かいごう》に出席《しゅっせき》しました。その席《せき》で、人《ひと》を食《た》べてしまう猫《ねこ》またの話《はなし》を聞《き》いたんですね。自分《じぶん》も注意《ちゅうい》しようと思《おも》って、夜道《よみち》を歩《ある》いていたら、何《なに》かが足元《あしもと》にすーっと寄《よ》ってきたんです。そして首《くび》のほうまで飛《と》びついてきたんだって。

お坊《ぼう》さんは、てっきり猫《ねこ》まただと思《おも》って、腰《こし》が抜《ぬ》けてしまうんです。そのまま横《よこ》の小川《おがわ》の中《なか》に転《ころ》がり落《お》ちて、「助《たす》けてくれ、猫《ねこ》まただ」と悲鳴《ひめい》をあげます。近所《きんじょ》の人《ひと》たちに引《ひ》きあげてもらい、びしょびしょになって、さんざんな思《おも》いで家《いえ》に戻《もど》りました。でも猫《ねこ》まただと思《おも》ったのは、実《じつ》はお坊《ぼう》さんが飼《か》っていた犬《いぬ》だったんだって。ご主人《しゅじん》が帰《かえ》ってきたのがうれしくて、犬《いぬ》がお坊《ぼう》さんに飛《と》びついただけだったんです。

みんなはお化《ば》けとか、妖怪《ようかい》がこわいと思《おも》うよね。でもそういうものは、本当《ほんとう》は存在《そんざい》していなくて、こわがっている人《ひと》の思《おも》い込《こ》みや錯覚《さっかく》にすぎないんだよ。

心霊写真《しんれいしゃしん》を見《み》て「この葉《は》っぱのところが人《ひと》の顔《かお》に見《み》えるよ」と言《い》われると、そんな気《き》がしてくることもあるよね。それが思《おも》い込《こ》みというんだよ。『学問《がくもん》のすすめ』という有名《ゆうめい》な本《ほん》を書《か》いた福沢諭吉《ふくざわゆきち》さんは、そういうものをいっさい信《しん》じませんでした。「占《うらな》いやおまじないをいっさい信《しん》じなかっ

たけれど、へんなたたりはまったくなかった」と言《い》っています。だから「妖怪《ようかい》がいる」とか「霊《れい》がとりついた」という話《はなし》をあまり信《しん》じすぎるのもどうかな、と思《おも》います。

「幽霊《ゆうれい》の正体見《しょうたいみ》たり、枯《か》れすすき」ということわざがあります。幽霊《ゆうれい》だと思《おも》ったら、よく見《み》たら枯《か》れたすすきだった、こわがりすぎだという意味《いみ》。正体《しょうたい》がちゃんとわかれば、こわいものなんて、何《なに》もないことがわかるよね。

この「猫《ねこ》また」の話《はなし》はおもしろいので覚《おぼ》えておいて、友《とも》だちが幽霊《ゆうれい》や妖怪《ようかい》の話《はなし》をしたときに、「猫《ねこ》またの話《はなし》って知《し》ってる？　本当《ほんとう》はね」と教《おし》えてあげると、みんなの役《やく》にも立《た》って、喜《よろこ》ばれるよ。

CHAPTER 6

第6章

どんな人《ひと》になりたいですか

CHAPTER 6
CHAPTER 6
CHAPTER 6

もとの文《ぶん》

この僧都《そうづ》、或法師《あるほうし》を見《み》て、
しろうるりといふ名《な》をつけたりけり。
「とは何物《なにもの》ぞ」と人《ひと》の問《と》ひければ、
「さる物《もの》を我《われ》も知《し》らず。若《も》し
あらましかば、この僧《そう》の顔《かお》に似《に》てん」
とぞ言《い》ひける〔第六十段〕

今《いま》のことばでいうと

仲間《なかま》のお坊《ぼう》さんに「しろうるり」という
あだ名《な》をつけたお坊《ぼう》さんがいたんだよ。
「しろうるりって、なんですか？」と聞《き》かれて
「そんなものは知《し》らないけど、
あるとしたら、このお坊《ぼう》さんの顔《かお》に
似《に》てるんじゃないかな」と
すました顔《かお》で答《こた》えたんだって。

ジョークのセンスがある人《ひと》は一緒《いっしょ》にいて、楽《たの》しいね

僕《ぼく》はこの話《はなし》が大好《だいす》きなんです。登場《とうじょう》するのは仁和寺《にんなじ》のえらいお坊《ぼう》さんなんだけど、この人《ひと》がユーモアたっぷりで、とてもおもしろいんだよ。仲間《なかま》のお坊《ぼう》さんの顔《かお》を見《み》て、「お、しろうるりに似《に》てるな」と言《い》っておきながら、「しろうるりって、なんですか」と聞《き》かれて、「そんなものは知《し》らん。あるとしたらこいつの顔《かお》みたいなもんだろう」ととぼけるなんて、おもしろい人《ひと》だと思《おも》いませんか。

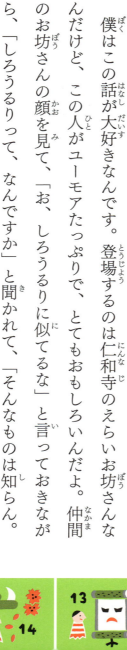

このお坊《ぼう》さんは性格《せいかく》がとても自由《じゆう》な人《ひと》で、遺産《いさん》をもらうと、自分《じぶん》が大好《だいす》きな芋頭《いもがしら》という食《た》べ物《もの》に全部《ぜんぶ》使《つか》っちゃったりします。お坊《ぼう》さんなのに、食《た》べたいときに食《た》べて、寝《ね》たいときに寝《ね》てしまう。でもよく勉強《べんきょう》していて、教養《きょうよう》がある人《ひと》だったので、みんなから尊敬《そんけい》され、愛《あい》されていたんだって。うらやましい人《ひと》ですね。

あだなのつけ方《かた》にしても、ジョークのセンスを感《かん》じます。夏目漱石《なつめそうせき》という明治《めいじ》の小説家《しょうせつか》が書《か》いた『坊《ぼ》っちゃん』という小説《しょうせつ》にも、センスのあるあだなが出《で》てくるよ。坊《ぼ》っちゃんは学校《がっこう》の先生《せんせい》ですが、自分《じぶん》の学校《がっこう》の先生《せんせい》たちにつぎつぎとあだなをつけてしまうんだよ。

校長先生《こうちょうせんせい》は「たぬき」、いつも赤《あか》シャツを着《き》ているきざな教頭先生《きょうとうせんせい》は「赤《あか》シャツ」、威勢《いせい》がいい数学《すうがく》の先生《せんせい》は「山嵐《やまあらし》」、気《き》が弱《よわ》い英語《えいご》の先生《せんせい》は

「うらなり」。あだなを見《み》るだけで、その人《ひと》の人物像《じんぶつぞう》が浮《う》かんでくる気《き》がするよね。

僕《ぼく》は中学時代《ちゅうがくじだい》、「ケン坊《ぼう》」というあだながついていました。僕《ぼく》の名前《なまえ》は「孝《たかし》」だから、「けん坊《ぼう》」の「ケ」の字《じ》もないんだけど、ある友《とも》だちが「おまえのこと、ケン坊《ぼう》って呼《よ》びたくなったんだけど、呼《よ》んでいい？」って聞《き》いてきて、「いいよ」と言《い》ったら、それからずっと「ケン坊《ぼう》」です。中学《ちゅうがく》時代《じだい》の友《とも》だちに会《あ》うと、いまだに僕《ぼく》は「ケン坊《ぼう》」なんです。

あだなっておもしろいですね。みなさんも人《ひと》にあだなをつけることがあると思《おも》うけど、ちょっとおもしろいセンスのあるつけ方《かた》をしてみようね。

ジャック・
スパロウと
呼《よ》んでくれ

COLUMN ESSAYS IN IDLENESS

COLUMN ESSAYS IN IDLENESS

『徒然草《つれづれぐさ》』のテーマとは？

『徒然草《つれづれぐさ》』には大《おお》きなテーマがあります。それは無常観《むじょうかん》というものなんです。みなさんにはまだ難《むずか》しいと思《おも》いますが、「人《ひと》は誰《だれ》でも死《し》んでしまってあとにはなにも残《のこ》らない」というのが無《む》常観《じょうかん》という考《かんが》え方《かた》です。「だから生《い》きていてもしかたない」と思《おも》うんじゃなくて、そういう人生《じんせい》をちゃんと受《う》け入《い》れた上《うえ》で、どう生《い》きるべきなのか、ということを兼好《けんこう》さんは一生懸命考《いっしょうけんめいかんが》えたんです。みんなも限《かぎ》りある人生《じんせい》を、有意義《ゆういぎ》に楽《たの》しく生《い》きようね。そのためのヒントが書《か》かれているのが『徒然《つれづれ》草《ぐさ》』なんだよ。

COLUMN ESSAYS IN IDLENESS

もとの文《ぶん》

賢《かしこ》げなる人《ひと》も、人《ひと》の上《うえ》をのみはかりて、
己《おの》れをば知《し》らざるなり。
我《われ》を知《し》らずして、外《ほか》を知《し》るといふ理《ことわり》
あるべからず
〔第百三十四段〕

今《いま》のことばでいうと

利《り》口《こう》そうに見《み》える人《ひと》でも、
他人《たにん》のことばかりいろいろ言《い》って、
自分《じぶん》のことは知《し》らないものです。
自分《じぶん》のことを知《し》らないのに、
人《ひと》のことなど言《い》えないんだよ。

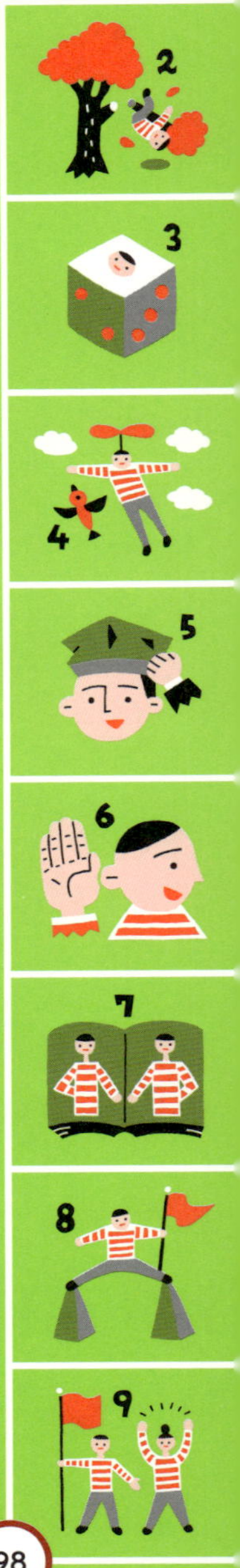

人《ひと》にやさしくて自分《じぶん》に厳《きび》しい人《ひと》になろうね

兼好《けんこう》さんは「自分《じぶん》を知《し》らないのはよくない」とくり返《かえ》し言《い》っているんだよ。たしかに言《い》われてみると、自分《じぶん》のことはわからないものだよね。ピアノや水泳《すいえい》の習《なら》い事《ごと》をビデオで撮《と》ってもらうと、「自分《じぶん》はもっと上手《じょうず》だと思《おも》っていたのに、意外《いがい》にできていなかったんだな」とわかることがないかな。今《いま》は映像《えいぞう》で確認《かくにん》できる時代《じだい》なので、自分《じぶん》を外《そと》から見《み》て、どんなふうかを知《し》るのは大事《だいじ》だと思《おも》います。

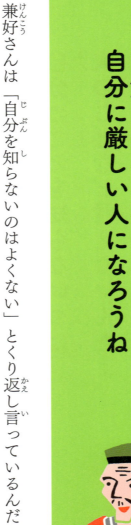

人《ひと》はたいてい自分《じぶん》には甘《あま》いんだけど、他《ほか》の人《ひと》には厳《きび》しくなる性質《せいしつ》があるんだよ。古今亭志《ここんていし》ん生《しょう》という落語《らくご》の名人《めいじん》は、若《わか》いころ、先輩《せんぱい》からこんなことを言《い》われたんだって。「他人《たにん》の芸《げい》を見《み》て、自分《じぶん》より下手《へた》だと思《おも》ったら、その人《ひと》は自分《じぶん》と同《おな》じくらいの実力《じつりょく》です。自分《じぶん》と同《おな》じくらいに見《み》えたら、自《じ》分《ぶん》よりかなり上《うえ》。自分《じぶん》より上手《じょうず》だと感《かん》じた人《ひと》は、ものすごくうまい人《ひと》です」

友《とも》だちを見《み》て、「あれぐらい簡単《かんたん》にできるよ」と言《い》ってみたけど、実際《じっさい》にやってみたらそうでもなかった、ということはよくあるよね。自分《じぶん》のことがわかるというのは、他《ほか》の人《ひと》のすごさもわかることなんだね。

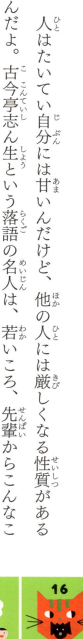

もとの文《ぶん》

朝夕《あさゆう》なくて叶《かな》はざらん物《もの》こそあらめ、
その外《ほか》は、何《なに》も持《も》たでぞ
あらまほしき〔第百四十段〕

今《いま》のことばでいうと

毎日《まいにち》、必要《ひつよう》なもの以外《いがい》は、
なにも持《も》たないのがいいよね。

欲《よく》ばりにならずに ほんとうに必要《ひつよう》なものだけを 大事《だいじ》にしようね

みんなにはまだ先《さき》の話《はなし》だけど、親《おや》が残《のこ》した遺産《いさん》でけんかになる例《れい》が多《おお》いのは知《し》っているかな。兼好《けんこう》さんも、「大金《たいきん》を残《のこ》して死《し》ぬほどばかばかしいことはない」と言《い》っています。

自分《じぶん》の老後《ろうご》が心配《しんぱい》だから、ある程度《ていど》はお金《かね》を貯《た》めるのはいいとしても、あまりよくばって貯《た》めても、死後《しご》の世界《せかい》に持《も》っていけるわけじゃないし、子《こ》どもに残《のこ》すと、争《あらそ》いの種《たね》になるかもしれないよね。明治維新《めいじいしん》で活躍《かつやく》した

西郷隆盛《さいごうたかもり》さんも、「児孫《じそん》のために美田《びでん》を買《か》わず（子《こ》や孫《まご》のために肥《こ》えた田《た》を買《か》って残《のこ》すことはしない）」という名言《めいげん》を残《のこ》しています。

先日《せんじつ》、ある団体《だんたい》が調《しら》べたら、世界《せかい》でもっともお金持《かねも》ちのベスト八人《はちにん》の人《ひと》たちが持《も》っている財産《ざいさん》が、世界《せかい》の貧《まず》しい人《ひと》たちの約半分《やくはんぶん》、三十六億人《さんじゅうろくおくにん》が持《も》っている財産《ざいさん》と同《おな》じだったんだって。すごいよね。たった八人《はちにん》で、貧《まず》しい人三十六億人分《ひとさんじゅうろくおくにんぶん》を合《あ》わせたお金《かね》を持《も》っているなんて。これを「格差社会《かくさしゃかい》」と言《い》います。

もちろんお金持《かねも》ちになることを悪《わる》いとは言《い》わないけど、よくばって、あれも、これもと貯《た》め込《こ》む人《ひと》より、「ほんとうに必要《ひつよう》なものはなにか」を考《かんが》えて、すっきり生《い》きる人《ひと》のほうが尊敬《そんけい》できるよね。

もっともっとと
言《い》っていると
キリが
ないよ

もとの文《ぶん》

身《み》をも人《ひと》をも頼《たの》まざれば、
是《ぜ》なる時《とき》は喜《よろこ》び、
非《ひ》なる時《とき》は恨《うら》みず
〔第二百十一段〕

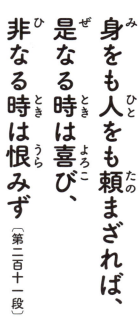

今《いま》のことばでいうと

自分《じぶん》も、他人《たにん》もあてにしなければ、
いいときは喜《よろこ》び、そうでなくても
恨《うら》まないで、ゆったりしてすごせます。

うらんだり、怒《おこ》ったりするのは人《ひと》のせいにするからだよ

なにかにつけて、親《おや》や先生《せんせい》や友《とも》だちに頼《たよ》ってしまう人《ひと》っているよね。それがうまくいかなくなると、「おまえのせいだ」って、怒《おこ》ったり、すねたりするんだ。

たとえば、ある人《ひと》が「お金《かね》を貸《か》してほしい」と頼《たの》んだとするよね。頼《たの》まれたほうは「しかたないなあ。じゃあ、これだけ」と言《い》って、貸《か》してあげます。でも何回《なんかい》も「貸《か》して」というので、「もう貸《か》せません」と断《ことわ》ると、

「なんでお金《かね》を貸《か》せないんだ。おまえはひどい奴《やつ》だ」と怒《おこ》りだしてしまうんです。

こんなふうに、他人《たにん》に頼《たよ》ってばかりいると、甘《あま》ったれた人《ひと》になって、最《さい》後《ご》はダメ人間《にんげん》になってしまいます。だからみんなも、人《ひと》に頼《たよ》らないで、自《じ》分《ぶん》でできることはがんばってやってみようね。

自分《じぶん》の力《ちから》でやっていれば、いいことが起《お》きたらとてもうれしいし、悪《わる》い結果《けっか》になっても、人《ひと》を頼《たよ》ってやったことではないので、誰《だれ》かをうらまなくてもすみます。

そういう生《い》き方《かた》をすれば、ゆったり、落《お》ち着《つ》いて毎日《まいにち》をすごせるよ、と兼好《けんこう》さんは言《い》っています。

おわりに

八《や》つになりし年《とし》、父《ちち》に問《と》ひて云《い》はく、「仏《ほとけ》は如何《いか》なるものにか候《さうら》ふらん」と云《い》ふ。父《ちち》が云《い》はく、「仏《ほとけ》には、人《ひと》の成《な》りたるなり」と。また問《と》ふ、「人《ひと》は何《なに》として仏《ほとけ》には成《な》り候《さうら》ふやらん」と。父《ちち》また、「仏《ほとけ》の教《おしえ》によりて成《な》るなり」と答《こた》ふ。また、問《と》ふ、「教《おし》へ候《さうら》ひける仏《ほとけ》をば、何《なに》が教《おし》へ候《さうら》ひける」と。また答《こた》ふ、「それもまた、先《さき》の仏《ほとけ》の教《おしえ》によりて成《な》り給《たま》ふなり」と。また問《と》ふ、「その教《おし》へ始《はじ》め候《さうら》ひける、第一《だいいち》の仏《ほとけ》は、如何《いか》なる仏《ほとけ》にか候《さうら》ひける」と云《い》ふ時《とき》、父《ちち》、「空《そら》よりや降《ふ》りけん。土《つち》よりや湧《わ》きけん」と言《い》ひて笑《わら》ふ。

〔第二百四十三段〕

〔訳〕

私《わたし》が八歳《はっさい》だったころ、お父《とう》さんに「仏《ほとけ》さまとはどういうものですか」と聞《き》きました。お父《とう》さんは「仏《ほとけ》さまには人間《にんげん》がなるんだよ」と答《こた》えました。「人間《にんげん》はどうして仏《ほとけ》さまになるんですか」「仏《ほとけ》さまの教《おし》えによってなるんだよ」「仏《ほとけ》さまに教《おし》えたのは誰《だれ》ですか」「前《まえ》の仏《ほとけ》さまだよ」「前《まえ》の仏《ほとけ》さまを教《おし》えたいちばん最初《さいしょ》の仏《ほとけ》さまはどのような方《かた》ですか」。お父《とう》さんはとうとう答《こた》えられなくなって「空《そら》から降《ふ》ってきたのかな。土《つち》からわいて出《で》てきたのかな」と言《い》って笑《わら》いました。

これは『徒然草《つれづれぐさ》』の最後《さいご》に書《か》かれた文章《ぶんしょう》です。兼好《けんこう》さんが自分《じぶん》の子《こ》ども時代《じだい》を思《おも》い出《だ》していているんですね。お父《とう》さんに「どうして？」「それはなぜ？」とどんどん聞《き》いていったら、お父《とう》さんが答《こた》えられなくなってしまいました。兼好《けんこう》さんがとても利口《りこう》な子《こ》どもだったことがわかりますね。大人《おとな》になっても、「なぜ」「どうして」という問《と》いかけをやめないでいると、兼《けん》好《こう》さんみたいに考《かんが》えがどんどん深《ふか》まっていきます。兼好《けんこう》さんは自分《じぶん》の子《こ》ども時代《じだい》をなつかしく思《おも》い出《だ》しながら、『徒然草《つれづれぐさ》』を終《お》えているんです。

みんなもものごとを深《ふか》く考《かんが》えたり、「どうしてだろう？」と追求《ついきゅう》する姿《し》勢《せい》を忘《わす》れないようにしようね。僕《ぼく》は『徒然草《つれづれぐさ》』をヒントに勉強《べんきょう》したり、仕《し》事《ごと》をしたりしてきました。読《よ》めば読《よ》むほど、深《ふか》いことが書《か》いてあって、そのときどきで「ああ、そうだったのか」と心《こころ》にひびくものがあります。

兼好《けんこう》さんは大昔《おおむかし》の人《ひと》に思《おも》えますが、今《いま》の時代《じだい》にも役立《やくだ》つヒントをたくさんくれているんです。たとえば木登《きのぼ》りの名人《めいじん》や馬乗《うまの》りの名人《めいじん》の話《はなし》を読《よ》むと、賢《かしこ》い人《ひと》がどうやって上達《じょうたつ》するのか、教《おし》えてくれます。みんなも英語《えいご》やサッカーがうまくなりたいと思《おも》ったとき、『徒然草《つれづれぐさ》』を読《よ》むと、そのコツがわかるんだよ。それから勝負《しょうぶ》に勝《か》つ方法《ほうほう》とか、良《よ》い友《とも》だちの見《み》つけ方《かた》とか、ヒントがたくさんあります。おもしろい笑《わら》い話《ばなし》もあるので、友《とも》だちに話《はな》してあげることもできるよね。こんなふうに子《こ》どものときから『徒然草《つれづれぐさ》』を読《よ》んでおくと、得《とく》することが多《おお》いんだよ。

『徒然草《つれづれぐさ》』は大昔《おおむかし》に書《か》かれた古典《こてん》といわれる本《ほん》ですが、今読《いまよ》んでも、楽《たの》しくて、役《やく》に立《た》つ身近《みぢか》なことが書《か》かれています。ぜひ読《よ》んで、「猫《ねこ》またの話《はなし》って知《し》ってる?」「仁和寺《にんなじ》の法師《ほうし》がね」などと話《はな》せるようになってください。

齋藤孝

（さいとう・たかし）

1960年静岡県生まれ。東京大学法学部卒業。
同大学院教育学研究科博士課程を経て、
現在明治大学文学部教授。
専攻は教育学、身体論、コミュニケーション技法。
『声に出して読みたい日本語』（草思社）が話題を呼ぶ。
『質問力』『段取り力』『コメント力』
『齋藤孝の速読塾』『齋藤孝の企画塾』
『やる気も成績も必ず上がる家庭勉強法』
『前向き力』『ほめる力』（ちくま文庫）、
『現代語訳 学問のすすめ』『恥をかかないスピーチ力』（ちくま新書）、
『新聞力』（ちくまプリマー新書）、『こども「学問のすすめ」』
『こども「シェイクスピア」』（以上、筑摩書房）、
『大人の語彙力ノート 誰からも「できる！」と思われる』
（SBクリエイティブ）等著書多数。

こども「徒然草《つれづれぐさ》」
2018年3月30日　第1刷発行
著者：齋藤 孝／発行者：山野浩一／発行所：株式会社筑摩書房 東京都台東区蔵前2-5-3 郵便番号111-8755　振替00160-8-4123／装丁・挿画：寄藤文平+鈴木千佳子（文平銀座）／編集協力：辻由美子／印刷：凸版印刷株式会社／製本：凸版印刷株式会社／ ISBN978-4-480-87898-4 C0037／乱丁・落丁本の場合は、お手数ですが下記にご送付ください。送料小社負担にてお取り替えいたします。ご注文・お問い合わせも下記へお願いします。〒331-8507 さいたま市北区櫛引町2-604 筑摩書房サービスセンター 電話048-651-0053／